कृष्णस्य चरितम्

रोहित कोचर

A poem on the life & journey of
Shree Krishn

चित्रकला

रोहिनी बगड़िया

BlueRose ONE.com
Stories Matter
NewDelhi • London

BLUEROSE PUBLISHERS
India | U.K.

Copyright © Rohit Kochar 2024

All rights reserved by author. No part of this publication may be reproduced, stored in a retrieval system or transmitted in any form or by any means, electronic, mechanical, photocopying, recording or otherwise, without the prior permission of the author. Although every precaution has been taken to verify the accuracy of the information contained herein, the publisher assumes no responsibility for any errors or omissions. No liability is assumed for damages that may result from the use of information contained within.

BlueRose Publishers takes no responsibility for any damages, losses, or liabilities that may arise from the use or misuse of the information, products, or services provided in this publication.

For permissions requests or inquiries regarding this publication, please contact:

BLUEROSE PUBLISHERS
www.BlueRoseONE.com
info@bluerosepublishers.com
+91 8882 898 898
+4407342408967

ISBN: 978-93-6452-343-1

Cover Design: Sadhna Kumari
Typesetting: Pooja Sharma

First Edition: November 2024

माँ शारदायै नमः

जय माँ सरस्वती

भूमिका

मातः किं यदुनाथ, देहि चषकं किं तेन पातुम्पयः
तन्नास्त्यद्य कदास्ति वा, निशि, निशा का वान्धकारोदयः।
आमील्याक्षियुगं निशाप्युपगता देहीति मातुर्मुहुः
वक्षोजांशुककर्षणोद्यतकरः कृष्णस्स पुष्णातु नः॥

- **(श्रीकृष्णकर्णामृतम् २-६०)**

कृष्ण – माँ !

यशोदा - क्या यदुनाथ ?

कृष्ण - मुझे प्याला दो।

यशोदा - क्यों चाहिए ?

कृष्ण - दूध पीने के लिए।

यशोदा - वो आज नहीं है।

कृष्ण - कब आएगा ? रात होने पर? जब अन्धकार का उदय होता है?

फिर कृष्ण ने अपनी दोनों आँखों पर हाथ रख कर कहा कि रात हो गई है, अब दूध का प्याला दो माँ, शीघ्र दो माँ !! कान्हा ने माता के वस्त्र खींचते हुए पुनाराग्रह किया की उन्हें दूध चाहिए। ऐसे सरलहृदय वाले कृष्ण हम सबकी रक्षा करें ।

ऊपर लिखी पंक्तियों को पढ़ हृदय आनंदित हो जाता है। मेरे संस्कृत के अध्यापक ने ये पंक्तियाँ मुझे पढ़ाई थी। हमने इन्हें पढ़कर ये बात की थी कि कृष्ण सदृश कदाचित ही कोई विश्व इतिहास में होगा जिनके बाल्यकाल के विषय में इतने चाव से लिखा एवं पढ़ा जाता है। कृष्ण के विषय में पढ़ हमे जीवन के प्रायः सभी पक्षों का गहन ज्ञान प्राप्त होता है तथा हम उन वृत्तांतों से अपने जीवन यात्रा को उचित दिशा में ले जा सकते हैं। बचपन में

महाभारत, कृष्ण कथाएं इत्यादि देखना मुझे अति-प्रिय थे । बुद्धि-कौशल, कूटनीति, राजनीति, जीवन-ज्ञान, बाल-क्रीड़ा इत्यादि सभी दृष्टिकोण से श्री कृष्ण से अधिक निपुण व रोचक मुझे कोई नहीं लगता। इसी प्रेम-भाव से मैंने इस कविता को लिखने का प्रयास किया है।

जय श्री कृष्ण !

अनुक्रमणिका

- भाग १ - बाल्यकाल, कंस वध १
- भाग २ - सुदामा संग मित्रता ११
- भाग ३ - हस्तिनापुर, इन्द्रप्रस्थ एवं जरासंध वध १७
- भाग ४ - चौसर, चीर, चमत्कार २४
- भाग ५ - वनवास ३०
- भाग ६ - शांति प्रस्ताव ३२
- भाग ७ - कर्ण का सत्य ३७
- भाग ८ - बर्बरीक ४०
- भाग ९ - अर्जुन की समस्या एवं समाधान ४४
- भाग १० - कृष्ण कौन है? ५२
- भाग ११ - धर्मयुद्ध (भीष्म पितामह) ५७
- भाग १२ - धर्मयुद्ध (द्रोण व कर्ण) ६६
- भाग १३ - धर्मयुद्ध (गांधारी) ७३
- भाग १४ - धर्मयुद्ध (दुर्योधन वध) ७५
- भाग १५ - धर्मयुद्ध (अश्वत्थामा) ७७
- भाग १६ - हस्तिनापुर एवं पांडव अहम् ७९
- भाग १७ - यदुकुल अन्त ८३
- भाग १८ - कृष्ण जीवन सार ८५

- भाग १ -
बाल्यकाल, कंस वध

तिथि थी अष्टमी, मास था श्रावण,
घटी घटना धरा पर एक अति-पावन।
जन्म हुआ ब्रज-भूमि पर एक बालक का,
जगद्गुरु, सम्पूर्ण पुरुष, विश्व-संचालक का ॥१॥

जन्म से पूर्व हुई थी एक आकाशवाणी,
जब कंस के अत्याचारों से त्रस्त था हर प्राणी।
देवकी का पुत्र आठवां, काल बनेगा तेरा,
यमलोक तुझे पहुंचाएगा, यह हाल बनेगा तेरा ॥२॥

मृत्युभय से भरे कंस ने बढ़ा दिए अन्याय,
देवकी संग वसुदेव को बंदी लिया बनाय।
काल-कोठरी में उसने था छ: पुत्रों को मारा,
विधि के विधान समक्ष परन्तु कौन नहीं है हारा ॥३॥

ले चले वसुदेव टोकरी में शिशु को जमुना पार,
छोड़ आये कान्हा को वो, यशोदा और नन्द के द्वार।
पाकर के कान्हा को, माँ यशोदा फूली न समाई,
समस्त गाँव में उसके आने से थीं खुशियाँ छाई ॥४॥

उस नटखट ने तोड़ी मटकी और नित्य माखन भी चुराया था,
पूतना और बकासुर जैसे दैत्यों को सहजता से मार गिराया था।
नाग कालिया पर चढ़ नाचा, खायी छुपकर माटी थी,
सम्पूर्ण ब्रह्माण्ड मुख में दिखलाया, जब माँ उसको डांटी थी।।५।।

गाय, माखन और बांसुरी उसको अतिशय प्यारे थे,
सुन बंसी उस चित्तचोर की, मंत्रमुग्ध होते सारे थे।
गोपियों संग रास रचाया, हृदय में सबसे राधा निकट थी,
कनिष्ठा पर उठाया गोवर्धन को, आई जब बाधा विकट थी ॥६॥

गौधुली बेला के समय, नदी किनारे बैठा था एक दिन कान्हा,
बंसी-वादन में मग्न था वह, तभी आकर बैठी राधा भी वहाँ।
पुछा उसने कान्हा से, 'कहो तुमने किस लिए मुझे बुलाया था ?
क्या क्षमा मांगनी है तुम्हे उस बात पर जिसपर मुझे रुलाया था ?' ।।७।।

उत्तर दिया कान्हा ने, 'क्या स्वयं से भी कोई क्षमा मांगता है राधा ?
सुख-दुःख, हँसना-रोना, रूठना-मनाना सभी हम दोनों का है आधा-आधा।
जीवन के अगले अध्याय का प्रारभ होने वाला है, यही बताना है,
तुम्हे और सभी गाँव वालों को छोड़, मुझे अगले गंतव्य पर जाना है' ॥८॥

क्षण भर में कहा राधा ने, 'ज्ञात था मुझे कि तुम ऐसा ही कुछ कहोगे।
जिस कारणवश आये हो धरा पर, उसे पूर्ण करो, यहाँ कितने दिन रहोगे ?
उचित है कथन तुम्हारा, हम अलग रहकर भी संग होंगे, न होगा कोई वियोग।
कृष्ण राधा में हैं एवं राधा कृष्ण में, तुम बढ़ो आगे, है मेरा पूर्ण सहयोग' ॥९॥

कृष्ण-हत्या के अगणित प्रयास किये कंस ने विविध राक्षसों के माध्यम से,
परन्तु विफल हुए सारे, पराजित किया सबको कृष्ण ने अपने पराक्रम से।
देखने युद्ध-क्रीड़ा को, बुलाये गए मथुरा नगरी कंस द्वारा कृष्ण और बलराम,
सोचा यहीं कृष्ण का अन्त करूँगा, पर उसी के जीवन को लगना था पूर्ण-विराम ॥१०॥

छोड़ चला नन्द-गाँव को कान्हा, बढ़े चरण मथुरा की ओर,
अत्याचार का तम था मिटाना, लानी थी उसे शांति की भोर।
कृष्ण ने मारा चाणूर को एवं किया वध दुष्ट कंस का भरी सभा में,
सत्य हुई आकाशवाणी, डूबी मथुरा नगरी कृष्ण की सुप्रभा में ॥११॥

- भाग २ -
सुदामा संग मित्रता

शिक्षा लेने हेतु चला कान्हा, संदीपनि ऋषि के आश्रम,
विद्या सीखी, मित्र बनाए, किया कठिन परिश्रम।
मैत्री है सर्वोपरि, बढ़कर है गोत्र, जाति और धन से,
सुदामा-कृष्ण मित्रता प्रमाण है, मैत्री होती है केवल मन से ॥१२॥

बात तब की है जब सुदामा रहते थे कुटिया में और कृष्ण द्वारिका नरेश थे,
कहा सुदामा की भार्या ने,'सुना है मैंने आपसे कि कृष्ण आपके मित्र विशेष थे।'
'तो जाइए द्वारिका, सहायता लेने हेतु; कदाचित मिल जाए हमें दरिद्रता से मुक्ति,
कृष्ण के पास अवश्य ही होगी हमारे इस संकट के निवारण की कोई युक्ति' ॥१३॥

सुदामा को आ रही थी लज्जा, मित्र से सहायता मांगने में कर रहे थे वे संकोच,
वर्षों बीत गए, क्या इस स्थिति में द्वारिकाधीश पहचानेगा मुझे? रहे थे वे सोच।
'अवसर है प्रिय मित्र से मिलने का', चले सुदामा द्वारिका की ओर इस भाव से,
पोटली में बंधा था चावल जो दोनों मित्र खाया करते थे गुरुकुल में बड़े चाव से ॥१४॥

पहुँचकर द्वारिका महल, सुदामा ने कहा द्वारपालों से, 'कृपया कान्हा को बुलाओ।'
परिहास करते हुए कहा उन्होंने, 'परे हट, ब्राह्मण! जहाँ से आए हो, वहीं लौट जाओ।'
'तुम जैसे दरिद्र के मित्र क्या हमारे नरेश कभी हो सकते हैं? - मिथ्या कथन न कहो।'
सुदामा के पुनाराग्रह करने पर, गए वो कृष्ण को सूचित करने, कहकर, 'यहीं खड़े रहो' ॥१५॥

दौड़े चले आए बाहर कृष्ण, सूचना मिलते ही अपने प्रिय मित्र के आगमन की,
हृदय से लगाकर कहा उन्होंने, 'मित्र! अंदर आकर बढ़ाओ शोभा भवन की।'
ले चले कान्हा, मित्र सुदामा को महल के अन्दर, बैठाया अपने सिंहासन पर,
धोया सुदामा के पैरों को अपने हाथों से, स्वयं बैठे थे वे नीचे आसन पर ॥१६॥

भोजनोपरांत दोनों मित्र स्मरण कर रहे थे बड़ी प्रसन्नता से गुरुकुल का जीवन,
पूछा कृष्ण ने, 'मित्र क्या उपहार लाए हो तुम मेरे लिए? देखने हेतु उत्सुख है मन।'
बड़े संकोच से सुदामा ने खोलकर अपनी पोटली, धीरे से बढ़ाया कान्हा की ओर हाथ।
देख इस अतिप्रिय उपहार को, पोटली से खाया चावल को कान्हा ने हर्ष के साथ ॥१७॥

चले द्वारिका से अपने घर सुदामा, मिलकर कान्हा से थे वे संतुष्ट एवं प्रसन्न।
भूल गए थे अपनी दरिद्रता को सुदामा, पुनः संपन्न हुए पाकर मित्रता रूपी धन।
इतने वर्षोपरांत भी कान्हा वैसा ही है, कोई अहंकार नहीं है अपने नरेश होने का।
घर पहुँचकर पाया भव्य महल, कायाकल्प हो गया था कुटिया के कोने-कोने का ॥१८॥

- भाग ३ -
हस्तिनापुर, इन्द्रप्रस्थ एवं जरासंध वध

कहते हैं कि प्रत्येक मनुष्य के जन्म लेने का कोई न कोई कारण होता है,
किसी विशिष्ट लक्ष्य का साधक या किसी आपदा का वो निवारण होता है।
हस्तिनापुर नगरी में कुछ ऐसी ही विशेष स्थिति उत्पन्न हो रही थी,
नियति अपने हाथों से मानो अति-रोचक घटनाक्रम को पिरो रही थी ॥१९॥

करो प्रस्थान खांडवप्रस्थ की ओर, मिली पांडवों को यह आज्ञा।
असमंजस में थे वे सारे, यह क्या हुआ अब आगे करें क्या ?
आ पहुँचे तभी केशव वहाँ, उचित मार्ग दिखलाने को।
मिली है कर्मभूमि अपनी तुम्हे, तथ्य यह बतलाने को ॥२०॥

पहुँच गए अपनी कर्मभूमि पर पाँचो भाई स-परिवार,
कर दी कायाकल्प मरुभूमि की, दिया उसे नवीनाकार।
कुशलता से राज्य चलाया, सुख-समृद्धि हुई स्थापित,
शुभ समय था इन्द्रप्रस्थ में, राजसूय यज्ञ हुआ आयोजित।।२१।।

परन्तु राजसूय आयोजन से पूर्व एक कार्य सम्पूर्ण करना था शेष,
पांडवों के वर्चस्व को चुनौती देने वाला दुर्जन था एक व्यक्ति विशेष।
मगध पहुँचे कृष्ण, पार्थ व भीम संग, उसके पाप का घड़ा फूटना था,
जरासंध जैसे बलशाली को भी भीम हाथों तिनके जैसा टूटना था ॥२२॥

गए वे ब्राह्मण रूप धरकर एवं कहा उससे, 'हे जरासंध ! दें हमे यह दान ।
करें मल्ल-युद्ध हम तीनो में किसी एक से, स्वीकारें याचना हे नरेश महान ।'
जरासंध ने चुना भीम को अपना प्रतियोगी, हुआ मल्ल-युद्ध दोनों में निर्विराम,
परन्तु अनेक समय तक युद्धोपरांत भी, नहीं निकल रहा था कोई परिणाम ।।२३।।

तोड़कर एक तिनके को फेंका कृष्ण ने विपरीत दिशा में, था यह एक संकेत,
समझ गया भीम जरासंध वध का रहस्य, हो गया वह सही अवसर हेतु सचेत।
चीरा भीम ने जरासंध के शरीर को मध्य से और फेंका कृष्ण के सुझावानुसार,
हुआ अंत दुष्ट जरासंध का, चले वे तीनो इन्द्रप्रस्थ की ओर योजनानुसार ।।२४।।

सभी राजा-महाराजा हुए आमंत्रित, बुलाए गए थे कौरव भी,
सोचा था शान्ति-पूर्वक रहेंगे, बढ़ेगा राज्य का गौरव भी।
समारोह में प्रथम पूजनीय बनाया गया गोपाल को,
देख अत्यन्त क्रोध आया, चेदी-नरेश शिशुपाल को ॥२५॥

घोर अपमान किया कृष्ण का, लांघी उसने सभी सीमाएं सभ्यता की,
गिने जा रहे थे अपराध उसके, कान्हा को चिंता थी वचनबद्धता की।
मृत्युदण्ड योग्य अपराधों का शतक जैसे ही पूर्ण किया शिशुपाल ने,
चला सुदर्शन-चक्र चक्रपाणी का, पापों का हिसाब किया गोपाल ने ॥२६॥

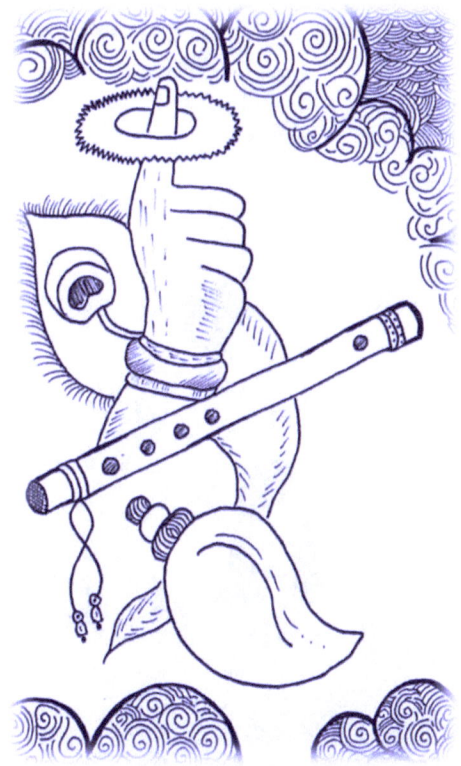

- भाग ४ -

चौसर, चीर, चमत्कार

हुई क्षतिग्रस्त कृष्ण की ऊँगली, सुदर्शन के प्रयोग से,
पांचाली ने अवरोधा रक्त को, वस्त्र-भाग उपयोग से।
बाँधा था द्रौपदी ने उसको, जो हैं अनादी, अनंत, अखण्ड,
यही कर्म बना रक्षक उसका, जब आई थी परिस्थिति प्रचण्ड ॥२७॥

हो मंत्रमुग्ध भ्रमण में, इन्द्रप्रस्थ भवन में, गिरा दुर्योधन भूमि पर अनायास,
'अंधे का पुत्र अंधा' कसा व्यंग्य उस पर, द्रौपदी ने किया अनुचित परिहास।
बीता कुछ समय इस वृत्तान्त को, लगा कि हो गया है वातावरण शांत,
पर क्षति पहुँची थी दुर्योधन के स्वाभिमान को, था वह प्रतिशोध हेतु अशांत।।२८।।

रचा षड्यंत्र मिलकर उसने शकुनी मामा के साथ,
बुलाए गए पांडव करने द्युत-क्रीड़ा में दो-दो हाथ।
चौसर तो नाम-मात्र था, दाव पर लगा था मान-सम्मान,
जीते चाहे जो भी, होना था कुल-श्री का गहन अपमान ॥२९॥

धर्मराज ने धर्म भुलाकर, लगाया भाइयों को दाव पर,
राज्य गँवाया, भाई गँवाए, आन गिरे कौरवों के पाँव पर।
द्युताग्नि में चढ़ा दी उसने, कुलवधु कि भी आहुति,
केश पकड़ कर लाई गई बाहर, हुई द्रौपदी की ऐसी गति ॥३०॥

गिरी मानवता अपने न्यूनतम स्तर पर, हुआ जब द्रौपदी चीर-हरण,
कृष्ण-कृपा से हुई रक्षा उसकी, अनंत असीमित बन गया आवरण।
ठहर गई युद्ध की उसी दिन, शकुनि का स्वप्न हो ही गया साकार,
'सभी कौरवों को मारूंगा मैं' भीम के इस प्रण से मचा सभा में हाहाकार ॥३१॥

- भाग ५ -
वनवास

इधर चले पांडव वनवास को, उधर कौरव थे अति प्रसन्न,
मिला उनको इन्द्रप्रस्थ भी, पांडवों के भाग्य में था सूखा अन्न।
वनवास के दिनों में, दुर्वासा ऋषि के हुए पांडवों को दर्शन,
ऋषि-गण को भोजन हेतु दिया उन्होंने सादर निमंत्रण ।।३२।।

परन्तु एक समस्या थी जटिल, था रिक्त पांचाली का भोजनालय,
मिलने आए तभी कृष्ण उनसे, बनी कुटिया उनकी देवालय।
इस समस्या का भी हुआ निवारण, कृष्ण ने की पुनः उनकी रक्षा,
चावल के मात्र एक ही दाने से, मिट गई समस्त ऋषियों की भुभुक्षा ।।३३।।

भ्राता बलराम को खोज थी एक नर की,
अपनी अनुजा हेतु एक सुयोग्य वर की।
विवाह हेतु उनको सर्वोत्तम लगा दुर्योधन,
यही बनेगा सुभद्रा-वर, बना लिया था अपना मन ॥३४॥

दाऊ की इस इच्छा से कृष्ण थे भली-भाँति परिचित,
परन्तु उनकी दृष्टि में, सुभद्रा हेतु अर्जुन था सर्वोचित।
सुभद्रा से ली सहमति उन्होंने, भेजा उसे पार्थ के साथ,
जब निकले वे द्वारिका से, रथ की डोर थी सुभद्रा के हाथ ॥३५॥

फिर कृष्ण ने यदुकुल समेत बलराम से,
कहा सबसे सुदृढ़ता और आराम से।
अर्जुन-सदृश कोई वर मिलना असंभव है,
पांडु-कुल में ही सुभद्रा का वास्तविक वैभव है ॥३६॥

- भाग ६ -
शांति प्रस्ताव

तेरह वर्षोंपरांत पांडव लौटे वन से,
लेना चाहते थे प्रतिशोध वो पूरे मन से।
किन्तु युद्ध क्या कभी सुखद परिणाम लाता है ?
क्या युद्धोपरांत कोई भी पक्ष सुखी रह पाता है ? ।।३७।।

पूछा कृष्ण ने पांडवों से इन सवालों को,
फिर देखा द्रौपदी के प्रतिज्ञाबद्ध खुले बालों को।
और कहा कि शान्ति का कोई विकल्प नहीं है,
कोई भी मूल्य देकर प्राप्त करो शान्ति, यही सही है ।।३८।।

चले केशव लेकर आशा मन में,
धृतराष्ट्र की महत्वाकांक्षाओं के भवन में।
पहुंचे हस्तिनापुर शांति-प्रस्ताव सुनाने,
कर्ण और दुर्योधन संग धृतराष्ट्र को समझाने ॥३९॥

कहा मधुसूदन ने हस्तिनापुर नरेश से,
'कुछ भी अर्जित नहीं होगा राग व द्वेष से,
कुल को करो एकत्र, वास्तविक **धर्म** यही है राजन,
अन्त करो कौरवों तथा पांडवों के मध्य का विभाजन' ॥४०॥

'मांगता हूँ हे नरेश! मैं गाँव तुमसे पाँच,
छोड़ा इन्द्रप्रस्थ को भी, शांति को आए न आंच।
हल यही है समस्या का, प्रस्ताव स्वीकारो मेरा,
विध्वंसक युद्ध टल जाएगा, मिटेगा यह अँधेरा' ॥४१॥

उछल पड़ा दुर्योधन अपने स्थान से अकस्मात
कहा, 'पाँच गाँव की ग्वाले तू क्या करता है बात ?
उन पांडवों को भूमि दूँ, जिनको मेरे हाथों मरना हैं ?
सुई की नोक बराबर भूमि न दूंगा, कर ले जो करना है !' ॥४२॥

'विनाश-काले विपरीत बुद्धि' – सत्य कही गई है बात,
सत्ता-मद में आसक्त हो, दुर्योधन ने किया शब्दाघात।
चयन किया हिंसा का उसने, शांति को ठुकराकर,
सैनिकों से कहा, 'लाओ इस ग्वाले को बंदी बनाकर!' ॥४३॥

देखा कृष्ण ने पितामह एवं राजा धृतराष्ट्र कि ओर,
विवश दिख रहे थे दोनों, मूँह था उनका नीचे की ओर।
धीमे से मुस्काए कान्हा, कहा 'सुनो हे गांधारी-नंदन,
प्रेम के अतिरिक्त, बाँध नहीं सकता है मुझे कोई भी बंधन!' ॥४४॥

तीव्र रौशनी हुई प्रज्वलित अचानक समस्त सभा में,
किया विश्वरूप धारण कृष्ण ने, आए प्रखर प्रभा में।
हुए चकित कुछ, कुछ मूर्छित, कुछ को हुए दर्शन मंगल रूप के,
हृदय काँप उठे सभी अधर्मियों के, समक्ष इस विराट स्वरूप के ॥४५॥

बोले केशव, 'हे दुर्योधन कर लो अपने अन्तः करण की,
शांति नहीं, अपितु तुम्हे चाह है केवल भीषण रण की।
इतिहास इस आने वाले समर का स्मरण करेगा जब-जब,
उत्तरदायी मिलोगे बस तुम, होगा अपमानित कुरु-कुल तब-तब' ॥४६॥

इतना कहकर राज-सभा से बाहर चले गए केशव,
सन्नाटा छाया था भीतर, मानो बचे हों केवल शव।
जाते-जाते बिठा लिया माधव ने कर्ण को अपने रथ पर,
ले चले संग अपने उसको, उसके इतिहास के पथ पर ॥४७॥

- भाग ७ -
कर्ण का सत्य

कहा कृष्ण ने, 'हे राधेय ! रहस्य एक बताता हूँ,
तुम्हारे एक गूढ़-सत्य से अवगत तुम्हे कराता हूँ।
केवल कर्मों से ही नहीं, जन्म-कुल से भी हो महान
परम-तेजस्वी और प्रतापी, स्वयं सूर्य की हो तुम संतान' ॥४८॥

'माता तुम्हारी है कुंती एवं भ्राता पांडव हैं सारे,
हो जाओ साथ पांडवों के, रखकर सभी मतभेद किनारे।
यदि युद्ध होना ही है, तो लड़ो धर्म के पक्ष में,
मुझे तो केवल अनीति और अधर्म दिखता है विपक्ष में।' ॥४९॥

सोचा कर्ण ने क्षण-भर हेतु, फिर प्रारम्भ किया संवाद,
'इस सत्य को बताया आपने केशव, स्वीकारें मेरा धन्यवाद।
परन्तु हे वासुदेव ! सुनिए इस विषय पर मेरा भी वक्तव्य
क्या जन्म-मात्र देने से, परिपूर्ण होता है माता का कर्त्तव्य?' ॥५०॥

'मेरे लिए तो माँ हैं राधा और भ्राता हैं केवल दुर्योधन,
एक ने मुझे पाला-पोसा, दूसरे ने दिया मित्रता का धन।
धर्म क्या है अधर्म क्या, ये आप मुझसे अधिक जानते हैं
पर तुच्छ हैं वो लोग, जो मित्रता का मोल नहीं पहचानते हैं' ॥५१॥

'इस समाज ने मुझे केवल मेरे जन्म-जाति से ही तोला है,
प्रत्येक परिस्थिति में उसने मुझे केवल सूत-पुत्र ही बोला है।
द्रोण, द्रौपदी और धनञ्जय ने कभी प्रतिभा मेरी देखी नहीं,
या ठुकराया या अपमानित किया मुझे, क्या वो व्यवहार था सही?' ॥५२॥

'फिर क्यों मैं ऐसे लोगों से जाकर अपने सम्बन्ध जोड़ूं?
जिन्होंने निभाई नहीं कभी, क्यों ना मैं उनसे मुख मोड़ूं?
हाँ एक बड़ी भूल थी मेरी पांचाली का अपमान करना,
दुष्परिणाम उसका सहना है मुझे, सत्य कहने से क्या डरना' ॥५३॥

'जहाँ केवल जाति की महत्ता हो, कर्म एवं भुजबल न हो प्रधान,
वहां समूल विनाश निश्चित है, है विध्वंस ही उसका विधान।
आजीवन अन्याय हुआ मेरे साथ, पर मैंने कभी हार मानी नहीं,
मित्र को त्यागूँ झूठे संबंधों के लिए, ऐसा मैं प्राणी नहीं!' ॥५४॥

'यदि युद्ध होना ही है तो मैं लड़ूंगा केवल दुर्योधन के पक्ष से।
चाहे आए वाणों की आंधी, चाहे गदाओं की वर्षा हो विपक्ष से।
यह जीवन ऋण है उसका, उसी हेतु रक्त का अंतिम बूँद बहना है,
है कर्ण-प्रतिज्ञा यही कि मृत्योपरांत भी मित्र-पक्ष में रहना है!' ।।५५।।

- भाग ८ -

बर्बरीक

युद्ध तो अटल था, होना ही था वो एक न एक दिन,
दोनो पक्ष अस्त्र-शस्त्र व सैनिक-बल को रहे थे गिन।
दुर्योधन ने माँगी थी कृष्ण से विशाल सेना उनकी नारायणी,
पार्थ सारथी बने नारायण, हुआ अर्जुन कृष्ण का आजीवन ऋणी ।।५६।।

शीघ्रातिशीघ्र इस महा-समर की सूचना फैल गई थी यत्र-तत्र-सर्वत्र,
देखूंगा इस युद्ध को अथवा लड़ूंगा इसमें मैं, सोच रहा था भीम-पौत्र।
चला अपने नीले अश्व पर वीर बर्बरीक, धनुष और तीन बाण धरे,
मार्ग में पीपल के एक वृक्ष तले, बैठे थे एक ब्राह्मण ध्यान धरे ।।५७।।

वह उतरा नीचे घोड़े से एवं किया सादर उनको नमन,
मुख पर था उनके दिव्य-तेज, देख हर्षित हुआ उसका मन।
पुछा ब्राह्मण ने उससे, 'हे वीर परिचय दो तुम कौन हो?
वायु-वेग से अश्व पर कहाँ जा रहे हो ये कहो' ।।५८।।

दिया बर्बरीक ने परिचय अपना, बताया अपना ध्येय
पूछा ब्राह्मण ने, 'तीन बाणों से क्या तुम बन पाओगे अजेय?'
'हे ब्राह्मण ! दिव्यास्त्र हैं, ये कठिन तपस्या से हुए हैं प्राप्त
तीन बाण मेरे, तीनो लोकों के विध्वंस हेतु है पर्याप्त' ||५९||

तत्पश्चात बर्बरीक ने एक ही बाण से किया अद्भुत चमत्कार,
पीपल के सभी पत्तों को भेदा उसने, बनाया उन पत्तों का हार।
वृक्ष के एक पत्ते को ब्राह्मण ने पैरों के नीचे था छुपाया,
चरण-परिक्रमा कर रहा है बाण इसलिए, बर्बरीक ने यह बताया ।।६०।।

इस अद्वितीय धनुर्विद्या से अति-प्रसन्न हुए ब्राह्मण,
कहा बर्बरीक से उसने, 'बलिदान मांगता है प्रत्येक रण।
तुम परमवीर हो, जो हार रहा हो उसके पक्ष में जाओगे,
पर क्या रणचंडी चरण-पूजन हेतु, शीश-दान दे पाओगे?' ।।६१।।

ब्राह्मण की याचना से हुआ बर्बरीक को थोड़ा सा असमंजस,
कहा, 'निश्चित ही दूंगा दान, न करूँगा ब्राह्मण अवज्ञा का दुस्साहस।
परन्तु आग्रह है यह मेरा, रूप असल दिखाईये अपना,
पूरे युद्ध को देख सकूं मैं, पूरा करिए यह भी सपना' ।।६२।।

आए वास्तविक रूप में अपने, किया ब्राह्मण रूप का परिवर्तन,
श्रीकृष्ण के असल रूप का बर्बरीक को, तब हुआ मंगल दर्शन।
कहा कृष्ण ने, 'हे वीर बर्बरीक ! तुम निश्चित ही देखोगे सम्पूर्ण रण
समस्त संसार पूजेगा तुम्हे, श्याम नाम से करेंगे सभी स्मरण' ॥६३॥

- भाग ९ -
अर्जुन की समस्या एवं समाधान

कुरुक्षेत्र की युद्धभूमि पर हुए सभी योद्धा एकत्रित,
अगले अठारह दिन करने वाले थे मानव भविष्य को नियंत्रित।
एक ओर ग्यारह विशाल सेनाएँ थीं कौरवों के साथ,
दूसरी ओर पांडवों का समर्थन कर रही थीं सेनाएँ सात ॥६४॥

किन्तु केवल संख्याओं से ही यदि युद्ध परिणाम निर्णित होते,
तो निश्चित ही कौरव विजयी और पाण्डव-दल पराजित होते।
गणित से भी अधिक युद्ध में अनिवार्य है सत्य और धर्म का साथ,
'यत्र धर्मस्तत्र कृष्ण:' एवं विजय कभी न छोड़े उस पक्ष का हाथ ॥६५॥

अर्जुन के रथ के शीर्ष-ध्वजा पर विराजमान थे संकट-मोचन,
श्वेताश्व चार बंधे थे आगे और संचालक थे कमल-लोचन।
होने जा रहा था युद्ध अति-विशाल, धर्म और अधर्म का,
परन्तु पहले मिलना था अमोल ज्ञान निष्काम-कर्म का ॥६६॥

देखा अर्जुन ने युद्धभूमि में एकत्र हुए योद्धाओं को,
देखा उसने पौत्रों, गुरुओं, पितामह और भ्राताओं को।
अपनों से कोई युद्ध करे कैसे, सोच रहा था मन ही मन,
क्या अपनों का वध करके कोई, जी पाता है सुखी जीवन ? ॥६७॥

कहा उसने, 'हे कृष्ण ! काँप रहा है तीव्र वेग से अंग-अंग मेरा,
युद्ध अमंगल और अशुभ है, सोच छा रहा है सामने घना अँधेरा।
कुछ भी नहीं है मेरे लिए, विजय एवं राज्य-भोग का सुख,
त्रिलोक भी मिल जाए चाहे, अपनो से न मोड़ूंगा मुख' ॥६८॥

'द्रोण व भीष्म सदृश पूजनीय व्यक्तियों के विरुद्ध लडूं कैसे ?
इससे तो अच्छा है, भिक्षुक बन करूँ जीवन यापन जैसे-तैसे।
युद्ध उचित है या नहीं, कृपया बात ये बताईए केशव,
शिष्य हूँ आपका, उचित मार्ग मुझे दिखाइए केशव' ॥६९॥

'नहीं दिखता है कोई उपाय मुझे अपने इस शोक का,
चाहे मिले सारी ऐश्वर्य धरा की या कोई वस्तु त्रिलोक का।
शरणार्थी हूँ आपका, बढ़ती जा रही है मेरी समस्या प्रतिपल
नहीं करूँगा मैं युद्ध, जब तक मिलता नहीं मुझे कोई हल' ॥७०॥

'हे अर्जुन! तुम क्यों ऐसी व्यर्थ की बातें करते हो?'
कहा कृष्ण ने, 'युद्ध करने से तुम किस कारणवश डरते हो?
क्या तुम इनके लिए चिंतित हो जो समक्ष तुम्हारे खड़े हुए हैं ?
अधर्मी हैं ये सब, जो शांति-मार्ग में बाधा बनकर अड़े हुए हैं' ॥७१॥

'जो शोक के योग्य नहीं है पार्थ, उन बातों का शोक क्या करना?'
आत्मा तो नित्य और सनातन है, केवल शरीर के मरने से क्या डरना?
किंचित भी प्रभावित नहीं कर सकते इसको अग्नि, वायु, जल या शस्त्र
आत्मा मरती नहीं कभी भी, केवल बदलती है ये शरीर-रुपी वस्त्र' ॥७२॥

'मेरी माने तो हे पृथा-पुत्र, तू मृत्यु को एक पड़ाव जान,
हम सब हमेशा होंगें यहाँ, चाहे हो भूत, भविष्य या वर्तमान ।
युद्ध जीतकर धरा-पति होना या युद्ध हारकर स्वर्ग-प्रस्थान,
वीर पुरुष के हैं यही कर्त्तव्य, इसी में लगा तू अपना ध्यान' ॥७३॥

'ना तो दुःख से हो उद्विग्न, ना हो सुख में लिप्त तनिक भर,
समान भाव से, अनासक्त रूप से, अर्जुन तू केवल युद्ध कर ।
हो जा परे इस जय-पराजय, सुख-दुःख, लाभ-हानि के जटिल मोहपाश से
दृष्टि रख केवल चिड़िया की आँख पर, चाहे हो विद्युत-वर्षा आकाश से' ॥७४॥

'हे पार्थ ! सुन तू कान खोलकर, अब मैं जो कहने जा रहा हूँ,
जीवन-यापन का सबसे महत्वपूर्ण सिद्धांत मैं बता रहा हूँ।
केवल उचित कर्म करना है मनुष्य का एकमात्र अधिकार,
नहीं है वो फल का अधिकारी, हो अकर्म-लिप्तता उसे अस्वीकार' ।।७५।।

'कोई भी वस्तु मेरे लिए अप्राप्य है ही नहीं त्रिलोक में,
फिर भी तेरे साथ हूँ, मैं कर रहा हूँ कर्म इस भू-लोक में।
क्योंकि कर्म ही सत्य है, कर्म ही शुद्ध है, है **श्रेष्ठ कर्म ही**
प्रत्येक काल और परिस्थिति में, अकर्म से है **ज्येष्ठ कर्म ही**' ।।७६।।

'सबको पथभ्रमित करे जो लक्ष्य से, है वह काम-वासना केवल,
ज्ञान-लोप होता है इससे तथा विचलित रहता है मानव हर पल।
मन, इन्द्रियों एवं बुद्धि में, होता है इसका कलुषित बसेरा,
इनके द्वारा जीवों को मोहित कर, लाती है यह जीवन में अँधेरा।' ।।७७।।

'वश में करके अपनी इन्द्रियों को, इस काम-वासना को मार,
केवल तेरे ही दृढ़ संकल्प से, हो सकती है तेरी दुर्बलता की हार।
हूँ मैं समस्त प्राणियों का ईश, अविनाशी और अजन्मा हूँ,
फिर भी आवश्यकता होने पर, मैं हर काल में जन्मा हूँ' ।।७८।।

'अधर्म का बढ़े प्रताप और हानि हो धर्म को जब-जब,
साकार रूप धारण करके, अवतरित होता हूँ मैं तब-तब।
साधूजनों के उद्धार हेतु एवं विनाश हेतु दुष्कर्मियों के,
करता हूँ धर्म को स्थापित मैं, युगों से हूँ पक्ष में धर्मियों के' ।।७९।।

- भाग १० -

कृष्ण कौन है?

केशव की ये बातें समझ रहा था शनैः शनैः पार्थ।
कहा उसने कि, 'भ्रमित कर रहा था मुझे अपना स्वार्थ।'
'परन्तु आपने ये क्या कहा की आप ही त्रिलोक के स्वामी हैं ?
प्रत्येक युग में अवतरित होते हैं तथा अनंत और अंतर्यामी हैं ?' ॥८०॥

'कृपया इस कथन का तनिक विस्तार करें, हे देवकी-नंदन !
अनभिज्ञ हूँ इस इश्वर रूप से, दें मुझे इसके भी दर्शन।'
कहा कृष्ण ने, 'तथास्तु' ! और अपना दिव्य रूप दिखलाया
एवम् अपने विषय में पार्थ को विस्तार से बतलाया ॥८१॥

'जल में जो रस है वो मैं ही हूँ, हूँ मै प्रभा रवि-शशि की।
पुरुषों का पुरुषत्व मैं ही हूँ, हूँ मै तप मुनि-ऋषि की।
बुद्धिमानों की बुद्धि मैं ही हूँ, हूँ मैं तेज तेजस्वियों का।
पशुओं में सिंह मैं ही हूँ, हूँ मैं गरुड़-राज पक्षियों का' ॥८२॥

'दैत्यों में प्रह्लाद मैं ही हूँ, हूँ मैं द्वापर-युग का घनश्याम।
पवित्र करने वाला पावक मैं ही हूँ, हूँ मैं शास्त्र-धारियों में राम।'
जलाशयों में समुद्र मैं ही हूँ, हूँ मैं स्थिर वस्तुओं में हिमालय विशाल
सत्य और असत्य मैं ही हूँ, हूँ मैं अमृत एवं भयावह मृत्युकाल ॥८३॥

'वेदों में मैं साम-वेद हूँ, इन्द्रियों में मन जान मुझको,

देवों में मैं इंद्र हूँ, सभी मनुष्यों की चेतना मान मुझको।

भक्त मुझे जिस प्रकार से भजते हैं, मैं उसी प्रकार से उनका हो जाता हूँ,

गोपियों का कान्हा बनता हूँ कभी, तो कभी शबरी के जूठे बेर खाता हूँ' ||८४||

'सम्पूर्ण जगत का धारक हूँ, हूँ मैं भूत, वर्तमान, भविष्य का ज्ञाता,

श्रद्धा और भक्ति-रहित प्राणी किन्तु, मुझे कदापि जान नहीं पाता।

मणियों की सुन्दर श्रृंखला को जैसे सूत्र में पिरोया जाता है

जुड़ा है समस्त संसार वैसे ही मुझसे, मुझसे ही सब संभव हो पाता है' ||८५||

'यज्ञों में जप-यज्ञ हूँ तथा अक्षरों में 'अ'-कार हूँ मैं।
कर्म-फल का प्रदानकर्ता हूँ, सनातन और निर्विकार हूँ मैं।'
इतना कहकर कृष्ण ने दिव्य-चक्षु अर्जुन को प्रदान किया,
एवं अपने भव्य तथा अविस्मरणीय रूप का उसको दर्शन-दान दिया ॥८६॥

देखा अर्जुन ने कृष्ण का विश्वरूप, जो था विशाल और विकराल।
हुआ प्रसन्न पहले फिर हुआ व्याकुल, प्रचंड तेज ने किया उसे बेहाल।
विनय-नत हो कहा उसने, 'हे केशव ! है यह रूप आपका प्रखर,
परन्तु अधिक समय तक देख इसे, मनः शांति रही है बिखर' ॥८७॥

'कृपया मन को धैर्य एवं शीतलता प्रदान करने वाले रूप में आयें।
चतुर्भुज रूप दिखाकर अपना, आजीवन कृतार्थ मुझे बनायें।'
कहा कृष्ण ने, 'हे भरत-श्रेष्ठ ! तेरी यह इच्छा भी मैं पूरी करता हूँ
जिसके दर्शन देवों को भी दुर्लभ हैं, उसी रूप को तेरे हेतु धरता हूँ' ॥८८॥

किया माधव ने अपने सहस्रबाहो वाले रूप का परिवर्तन,
एवं शंख-चक्र-गदा-पद्म युक्त रूप का दिया अर्जुन को दर्शन।
और कहा कि अज्ञान-जनित संशय का अन्त विवेक-जनित ज्ञान से कर
मेरे कहे वचनों को सोच, समझ और इन्हे भलीभांति अपने हृदय में धर ॥८९॥

सुन कृष्ण की बातें अर्जुन आश्वस्त एवं युद्ध हेतु तत्पर हो गया।
निश्चित मन व सुदृढ़ तन से, पुनः गांडीव-संग खड़ा रथ पर हो गया।
कुछ ही क्षण में प्रारंभ होने जा रहा था यह महासमर धर्म का,
प्रथम प्रहार का उद्घोष कर कौरवों ने उठाया भार इस कर्म का ॥९०॥

- भाग ११ -
धर्मयुद्ध (भीष्म पितामह)

श्री कृष्ण के ही कहने पर पांडवों ने प्रारंभ नहीं किया आक्रमण।
अंतिम-क्षण तक शांति चाहते थे वे, केवल कौरव चाहते थे रण।
दिया यह सन्देश कृष्ण ने समस्त युद्ध-भूमि में अपनी योजना द्वारा,
हुआ आरम्भ युद्ध कुरुक्षेत्र में, बहने लगी समय संग रक्त की भी धारा ॥९१॥

प्रथम दिन था युद्ध का, भीष्म का प्रहार हो रहा था निरंतर।
पांडव-पक्ष के अनेक सैनिकों का किया भीष्म ने वध परस्पर।
हुए कुछ दिन व्यतीत इसी भाँती, अर्जुन नहीं कर रहा था उचित प्रहार,
क्रुद्ध हो कृष्ण ने शस्त्र उठाया नौवें दिन, करने हेतु भीष्म का संहार। ॥९२॥

की क्षमा-याचना अर्जुन ने, कहा, 'हे कृष्ण ! न करें अपना वचन भंग,
करूँगा आक्रामक युद्ध मैं, लड़ूंगा पितामह से भी पूरी निष्ठा-संग।'
अर्जुन के आशवासन से हुए शांत कृष्ण और पुनः संभाली रथ की डोर
तत्पश्चात युद्ध-भूमि में हुई अर्जुन के वाणों की भीषण वर्षा चहू-ओर। ॥९३॥

परन्तु एकनिष्ठ संघर्षोपरांत भी नहीं मिल रही थी भीष्म-वध की युक्ति।
कृष्ण ने कहा भीष्म से ही पूछो कैसे मिलेगी उनको भू-लोक से मुक्ति।
मिलने गए पांडव पितामह से, पूछा 'हे कुरु-श्रेष्ठ ! रहस्य यह बताइये,
धर्म के विजयार्थ अपनी पराजय का मार्ग स्वयं ही हमें दिखाइए' ॥९४॥

कहा गंगापुत्र ने, 'केवल एक ही उपाय है मुझे परास्त करने का।
नारी पर कदापि वार नहीं करूँगा, यही एक मार्ग है मेरे प्राण हरने का।'
सुन इस रहस्य को कृष्ण ने शिखंडी को युद्ध में अपने साथ लिया,
अर्जुन ने रथ पर संग खड़े शिखंडी के पीछे से पितामह पर वार किया। ॥९५॥

देखा भीष्म ने अपनी ओर आते वाणों को और देखा अर्जुन का रथ।
शिखंडी में दिखी अम्बा उनको, इसलिए नहीं अवरोधा वाणों का पथ।
भेद दिया सम्पूर्णतः देवव्रत के कवच को, हुए बाण शरीर के आर-पार,
गिर पड़े भूमि पर पितामह, शोकाकुल हुआ समस्त कुरु-परिवार। ॥९६॥

हुए समाप्त दस दिन युद्ध को एवं बने द्रोणाचार्य कौरवों के सेनापति।
पितामह के युद्ध-परायण के साथ ही, लुप्त हुई कौरव पक्ष की मति।
हुई निर्मम हत्या वीर अभिमन्यु की, कौरवों के छ: महारथियों द्वारा,
क्षत्रिय मर्यादा भंग करके, उस निश्शस्त्र योद्धा को क्रूरतापूर्वक मारा। ॥९७॥

अपने पुत्र के भयावह अन्त के विषय में जब अर्जुन ने सुना,
क्रोधित हो 'जयद्रत वध या आत्मदाह' के प्रण को उसने चुना।
अगले दिन करना था वध जयद्रत का, इससे पहले कि हो सूर्यास्त,
कौरवों ने चतुराई से छुपाया उसे, करने हेतु पार्थ-प्रण परास्त। ॥९८॥

सूर्यास्त का समय निकट था एवं लक्ष्य दुर्लभ प्रतीत हो रहा था।
'कोई भी निर्णय क्रोधवश न लो पार्थ, मैंने पहले भी कहा था।'
ऐसा कहकर देखा आकाश की ओर कृष्ण ने और दी सूर्य को आज्ञा,
कुछ क्षण हेतु हों लुप्त मेघों के मध्य, जिससे पूर्ण हो सके पार्थ-प्रतिज्ञा।।९९॥

छाया अँधेरा युद्ध-भूमि में, कौरवों को लगा कि हुआ अर्जुन का प्रण भंग।
हर्षोन्मुक्त हो हँसने लगे सारे, सम्मिलित हुआ जयद्रत भी उन सबके संग।
कहा कृष्ण ने, 'हे पार्थ! देखो लक्ष्य तुम्हारे सामने है, शीघ्र चलाओ अपना बाण।
परन्तु यदि वार से तुम्हारे सर इसका गिरा धरा पर, तो हर लेगा तुम्हारे भी प्राण।' ॥१००॥

जयद्रत को समक्ष अपने देख, चलाया बाण अर्जुन ने उस पर प्रतिशोध में,
गिरा उसका सिर एक वृक्ष के नीचे बैठे जयद्रत के ही पिता की गोद में।
जैसे ही वो उठा चौंक कर, गिरा शीष गोद से धरा पर तुरंत
पूर्ण किया प्रण पार्थ ने, पिता समेत जयद्रत का भी हुआ अन्त। ॥१०१॥

थे चिंतित अर्जुन के लिए कृष्ण, एक घोर संकट का था उनको भान,
दानवीर कर्ण की तुणीर में पड़ा इंद्र-वज्रास्त्र ले सकता था पार्थ के प्राण।
कहा घटोत्कच से उन्होंने, 'हे पुत्र! वार करो शत्रुओं पर तुम कुछ ऐसे,
मचे हाहाकार शत्रु-शिविर में, मानो हो रही हो उनपर अग्नि-वर्षा जैसे।' ॥१०२॥

सुन कथन कृष्ण का प्रारम्भ किया घटोत्कच ने भीषण संहार,
हो रही थी क्षति शत्रुओं को, लग रहा था जाएंगे वो शीघ्र ही हार।
कहा कौरवों ने कर्ण से, 'सब पर आन पड़ा है संकट यह भारी,
तुम्हारी तरकश में रखा वज्रास्त्र ही कर सकता है रक्षा हमारी।' ॥१०३॥

परन्तु कर्ण के समक्ष स्थिति थी कठिन, था वह एक अंतर्द्वंद्व में,
उसी अस्त्र से तो करना था वध पार्थ का उसके संग युद्ध-द्वंद्व में।
कर विचार कुछ क्षण, साधा कर्ण ने घटोत्कच पर वज्रास्त्र अपना,
गिरा शत्रु शिविर पर घटोत्कच का शव, हुआ भंग कर्ण का सपना। ॥१०४॥

थे पांडव-पक्ष अत्यंत दुखी मृत्यु पर भीम-पुत्र वीर के,
अनिवार्य था यह ताकि रह जाए कौरव बिना वज्र-तीर के।
इसीलिए कृष्ण ने इस योजना का सृजन किया था,
वीर घटोत्कच ने धर्मयुद्ध में प्राण-दान दिया था। ॥१०५॥

- भाग १२ -
धर्मयुद्ध (द्रोण व कर्ण)

गुरु द्रोण को मारना किसी भी पांडव को न था स्वीकार,
द्रुपद-वध के साथ ही द्रोण ने कई सैनिकों का किया संहार।
कहा कृष्ण ने भीम से, 'है हाथी एक अश्वत्थामा नाम का,
सिद्ध होगा द्रोण-वध के क्रम में उसका मरना बहुत काम का।' ॥१०६॥

योजनानुसार किया वध भीम ने अश्वत्थामा नामक पशु का,
पूरे युद्ध-भूमि में ऐसा लगा जैसे वध हुआ द्रोण के शिशु का।
शोकाकुल होकर द्रोण ने युधिष्ठिर से पूछा, 'क्या मैंने सत्य सुना है?
सच में मारा गया है पुत्र मेरा या कृष्ण ने पुनः कोई जाल बुना है?' ॥१०७॥

क्षणिक चिन्तनोपरान्त युधिष्ठिर ने कहा कि मारा गया है अश्वत्थामा रण में।
हाथी मरा है गुरु-पुत्र नहीं, यह सुन न सके द्रोण हो रहे भीषण शंख-गर्जन में।
आधी बात सुनकर शस्त्र त्यागा और बैठ गए भूमि पर गुरु-द्रोण दुखपूर्वक।
अवसर का लाभ उठाकर, द्रुपद-पुत्र ने किया तीव्र आघात उनपर बलपूर्वक।।१०८।।

दृष्टद्युम्न ने शस्त्र से अपने किया द्रोणाचार्य का वध तुरंत,
हुआ द्रुपद-यज्ञ सफल तथा एक और महावीर का हुआ अन्त।
शेष हुए पंद्रह दिन युद्ध के, द्रोण के पश्चात बना कर्ण सेनापति,
अंततः ले ही आई कर्ण और अर्जुन को आमने-सामने उनकी नियति। ।।१०९।।

प्रारंभ हुआ चिर-प्रतिक्षित द्वंद्व-युद्ध दो अति-उत्तम धनुर्धरों के मध्य,
मानो अग्नि की दो लपटों से जैसे प्रबलतापूर्ण जल रहा हो कोई यज्ञ।
कभी कर्ण के प्रहार से पीछे हो जाता था महाबली अर्जुन का रथ,
तो कभी अर्जुन का बाण कर देता था अवरुद्ध कर्ण का विजय-पथ।।११०।।

कर्ण की धनुर्विद्या से प्रभावित हो कृष्ण ने की उसकी प्रशंसा धनञ्जय के सामने
कहा पार्थ ने, 'हे कृष्ण ! मैंने भी पछाड़ा है रथ को उसके, क्या ये देखा नहीं आपने?
फिर क्यों आप केवल कर्ण कि ही प्रशंसा कर रहे हैं समक्ष मेरे? दीजिये इसका उत्तर
जबकि मैंने भी पूरे शौर्य व वीरता से दिया है उसके प्रत्येक वार का प्रतिउत्तर।'।।१११।।

कहा कृष्ण ने, 'भूल रहे हो पार्थ, तुम दोनों में है एक महत्वपूर्ण अंतर.
है कर्ण अकेला रथ पर, परन्तु साथ तुम्हारे हैं मैं और मारुति निरंतर।
फिर भी पराक्रमी कर्ण के बाण धकेल रहे हैं पीछे रथ को तुम्हारे,
लड़ रहा है अकेला वो महावीर, बिना वज्र और कवच के सहारे।' ॥११२॥

‘इसलिए की थी प्रशंसा मैंने कर्ण की’, कहा कृष्ण ने सरलता से,
बढ़ा द्वंद्व आगे एवं होने लगी पुनः वाणों की वर्षा प्रबलता से।
अर्जुन के बाण से फंसा कर्ण के रथ का पहिया, आन गिरा वो भूमि पर,
भूल गया कर्ण कैसे ठीक करे रथ को पुनः, गुरु के श्राप का हुआ असर ॥११३॥

कृष्ण ने कहा पार्थ से, ‘यही उचित अवसर है कर्ण-वध का,
वार करो उसपर एवम् अन्त करो इस द्वंद्व-युद्ध का।’
पुछा अर्जुन ने, ‘हे केशव! निश्शसत्र योद्धा पर वार करूँ कैसे?
कर मर्यादा भंग, क्षत्रिय धर्म तोड़कर इसके प्राण हरूँ कैसे?’ ॥११४॥

बोले माधव, 'क्या वीर अभिमन्यु की निर्मम हत्या तुम्हे नहीं है स्मरण?
कर्ण भी उन्हीं में से एक था, जिसने किये थे उस योद्धा के प्राण हरण।
मर्यादा-पालन तब तक ही उचित है जब तक माने उसे शत्रु-दल भी तुम्हारा।
जब विपक्ष में केवल अनीति का वर्चस्व हो, मत लो तब मर्यादा का सहारा॥११५॥

'वैसे भी सभी जीवों के समान कर्ण की मृत्यु भी तो निस्संदेह ही है निश्चित,
इसलिए समय व्यर्थ किये बिना करो वध इसका हे धनञ्जय! है यही उचित।'
कृष्णाज्ञानुसार अर्जुन ने अपने धनुष-वाण से किया कर्ण के जीवन का अन्त,
हुए समाप्त सत्रह दिन समर के, था दुर्योधन को मित्र-वियोग का दुःख अनंत॥११६॥

- भाग १३ -
धर्मयुद्ध (गांधारी)

गए कृष्ण मिलने गांधारी से, अगले दिन था युद्ध का अंतिम दिवस,
कहा गांधारी ने, 'केशव, टाल सकते थे तुम कुरु-कुल का समूल विध्वंस।'
'इस युद्ध एवं मेरे पुत्रों की हत्या के केवल तुम उत्तरदायी हो केशव।'
'वैसे ही विनाश होगा यदु-कुल का, जैसे पड़े हैं कुरु-कुल वीरों के शव' ॥११७॥

कहा कृष्ण ने, 'लेने आया था माता मैं आशीर्वाद आपका और किया गांधारी को प्रणाम।
पर आपने जो कहा वह भी स्वीकार्य है मुझे, कदाचित यही है मेरे हेतु उचित परिणाम।
हाँ, टाल सकता था इस महा-समर को मैं, परन्तु नहीं होता वह निर्णय कल्याणकारी,
अधर्मी व पापियों का नाश ही उचित है', कहकर चले गए वहाँ से बांके-बिहारी ॥११८॥

कहा था गांधारी ने दुर्योधन से, 'हे पुत्र ! आओ मेरे शिविर में तुरंत करके स्नान।'
मिले कृष्ण मार्ग में जब कर रहा था दुर्योधन स्नानोपरांत शिविर की ओर प्रस्थान,
विस्मय से देखा निर्वस्त्र दुर्योधन को केशव ने और कहा, 'क्या माता समक्ष ऐसे जाओगे?
शिष्टाचार कहाँ है तुम्हारा? ऐसे गए तो निश्चित ही हंसी के पात्र कहलाओगे' ॥११९॥

लज्जित होकर इस कथन पर, गया दुर्योधन समक्ष माता के अधोवस्त्र पहनने के बाद,
वर्षों से बंद चक्षुओं को खोल अपने तप-बल से गांधारी ने दिया उसे अपना आशीर्वाद।
परन्तु शरीर का वो अंग जो ढका हुआ था वस्त्र से, रह गया वह इस कृपा से वंचित,
निराश हो बोली गांधारी, 'नहीं मानकर कहा मेरा, किया है तुमने कार्य अनुचित' ॥१२०॥

- भाग १४ -

धर्मयुद्ध (दुर्योधन वध)

बन गया अंग वज्र जैसा दुर्योधन का, गांधारी के तप और आशीर्वाद से,
परन्तु जंघा थी उसकी दुर्बल अभी भी, कारण था हुए कृष्ण-संग संवाद से।
किया नदी में प्रस्थान उसने, युद्ध घाव से चोटिल होकर करने हेतु विश्राम,
गदा-युद्ध करने वाले थे भीम व दुर्योधन, निर्णायक होने वाला था परिणाम ।।१२१।।

हुआ प्रारंभ द्वंद्व विशालकाय गदाधारियों के मध्य, दोनों प्रतिशोध-भावना में जल रहे थे,
इसी प्रतिशोध के कारण ही भीषण गदाओं के प्रहार दोनों ओर से निरंतर चल रहे थे।
प्रभावहीन थे भीम के प्रहार, माँ के आशीश से बन गया था दुर्योधन बलिष्ठ एवं अजय,
कृष्ण ने जंघा पर मारते हुए संकेत दिया, 'ऐसे हो सकती है शत्रु की पराजय' ।।१२२।।

भीम ने संकेत समझकर किया तीव्र प्रहार दुर्योधन की जंघा पर नियम के विरुद्ध,
मृतप्राय हो गिरा धरा पर वह पीड़ा में, यह देख बलराम हुए अत्यंत दुखी व क्रुद्ध।
कूद पड़े दाऊ युद्ध में लिए गदा, भीम का वध करने हेतु, बीच में आए केशव,
कहा उन्होंने दाऊ से, 'नीयम पालन होने पर क्या पड़े होते यहाँ इतने शव?' ॥१२३॥

'पितामह के युद्धभूमि त्यागने के उपरांत किसी भी नियम का पालन हुआ ही नहीं है,
भीम ने जो किया वो युद्ध-धर्म के विरुद्ध है, परन्तु परिस्थिथि के अनुसार यही सही है।'
यह सुन बलराम छोड़ चले युद्धभूमि परन्तु अश्वत्थामा था अभी भी अशांत व व्याकुल.
प्रतिशोध लेना था उसे इस पराजय का, विनिष्ट करना था उसे सम्पूर्ण पांडु-कुल ॥१२४॥

- भाग १५ -
धर्मयुद्ध (अश्वत्थामा)

की उसने हत्या दृष्टद्युम्न एवं द्रौपदी के पाँच पुत्रों की जब वे सारे निद्रा में लीन थे,
सुन इस भयावह घटना को प्राण निकले दुर्योधन के, अश्वत्थामा के कर्म इतने हीन थे।
हुआ अर्जुन-संग उसका युद्ध एवं उसने चलाया पार्थ पर विश्व-विध्वंसक ब्रह्मास्त्र को,
अर्जुन ने भी उत्तर दिया ब्रह्मास्त्र से, रक्त-लालसा में भूल गए थे वो शास्त्र को। ॥१२५॥

'ब्रह्मास्त्र का प्रयोग व्यक्तिगत लाभ हेतु वर्जित है', हुई उनके समक्ष आकाशवाणी,
वापस बुलाया अर्जुन ने ब्रह्मास्त्र को, पर अनभिज्ञ था इस विद्या से अश्वत्थामा अभिमानि।
दिशा बदली अपने बाण की अश्वत्थामा ने, भेजा उसे उत्तरा के गर्भ की ओर,
लगा बाण उत्तरा के पेट पर तथा पीड़ा एवं चीत्कार से मचा कोलाहल घनघोर ॥१२६॥

इस जघन्य अपराध से क्रोधित हो कृष्ण ने कहा, 'कौन करता है ऐसे अक्षम्य कुकर्म?
दैत्यों से भी नीच हो तुम अश्वत्थामा ! अजन्मा शिशु पर प्रहार करना है घोर अधर्म।'
तत्पश्चात कृष्ण ने छीनी मणि उसकी ललाट से और दिया उस दुष्टात्मा को यह श्राप
'अनंतकाल तक पीड़ा में रहोगे तथा कभी नहीं मरोगे तुम, ऐसे है तुम्हारे पाप।' ॥१२७॥

फिर पहुंचे कृष्ण उत्तरा के शिविर में, की उन्होंने अभिमन्यु-सुत के प्राण सुरक्षित,
तीनो लोकों के स्वामी के आशीर्वाद से हुई रक्षा शिशु की, नाम मिला उसे परीक्षित।
अन्त हुआ युद्ध एवं रक्तपात का, लौटे पांडव पुनः हस्तिनापुर राज पाठ संभालने,
मिलना चाहता था उनसे धृतराष्ट्र, जाना था उसे वनवास शेष जीवन निकालने ॥१२८॥

- भाग १६ -
हस्तिनापुर एवं पांडव अहम्

जब भीम के मिलने की बारी आई तब दिया संकेत कृष्ण ने उसको,
'करो आगे पुतला अपना', बनाया था दुर्योधन ने अभ्यास हेतु जिसको।
धृतराष्ट्र था क्रोधित क्योंकि भीम था उसके सभी पुत्रों के वध के कारण,
अतः भीम को मारकर, करना चाहता था वह अपने क्रोध का निवारण ।।१२९।।

दिया सटीक समय पर संकेत कृष्ण ने, भीम को संकट से बचाया,
अपने पूरे बल से धृतराष्ट्र ने पुतले-रुपी भीम को जकड़कर दबाया।
तोड़ दिया पुतले को धृतराष्ट्र ने और बच गए भीम के प्राण,
क्षमा-प्रार्थना कर धृतराष्ट्र ने वन की ओर किया प्रस्थान ।।१३०।।

कुछ दिनों पश्चात पांडवों में हो रहा था युद्ध के विषय में संवाद,
कौन था सर्वोत्तम कुरुक्षेत्र-युद्ध में, इस पर हो गया उनमें विवाद।
जब नहीं मिला हल तो पहुंचे कृष्ण के समक्ष इस समस्या को लेकर,
कहा उन्होंने, 'हे केशव ! अन्त करें विवाद का इस प्रश्न का उत्तर देकर' ॥१३१॥

कृष्ण ने पांडवों से कहा, 'मैं नहीं जानता इस प्रश्न का सही उत्तर,
कदाचित बर्बरीक को ज्ञात हो, देखा था उसने सम्पूर्ण युद्ध निरंतर।'
गए पांडव कृष्ण संग बर्बरीक से मिलने और पूछा उनसे प्रश्न अपना,
बर्बरीक ने कहा, 'युद्ध नहीं, समझो देखा था मैंने एक अद्भुत् सपना।' ॥१३२॥

'आप सबके लिए जो युद्ध भूमि थी वह मुझे दिख रहा था नाट्य-मंच जैसा,
केवल एक ही पात्र सहस्त्र भूमिकाओं में था, सोचो कैसे हो सकता है ऐसा ?
न वहाँ पितामह थे, न था दुर्योधन, न भीम और अर्जुन, न ही था कर्ण वहां,
दिखते थे मुझे युद्ध करते हुए केवल कृष्ण, पड़ती थी मेरी दृष्टि जहाँ-जहाँ।' ॥१३३॥

'वार और प्रहार दोनों कृष्ण के थे, कृष्ण का ही हो रहा था समर में संहार,
पक्ष और विपक्ष दोनों कृष्ण ही थे, कृष्ण से ही हो रहा था युद्ध अपरमपार।
समझे पांडव कुरुक्षेत्र-युद्ध की वास्तविकता, सुन बर्बरीक का यह कथन,
आभास हुआ अहं का अपने, कर प्रणाम कृष्ण को लौटे वे अपने भवन ॥१३४॥

- भाग १७ -
यदुकुल अन्त

गांधारी के श्राप के यथार्थ में परिवर्तित होने का समय आ गया था,
द्वारिका में समस्त यदु-कुल पर आलस्य एवं भोग-विलास छा गया था।
हुआ यदुकुल का समूल विनाश एवं वृक्ष-तले कर रहे थे देवकीनंदन विश्राम
पैरों को उनके हिरण समझा एक आखेटक ने, जिसका घातक हुआ परिणाम ॥१३५॥

अपने कर्मानुसार चलाया आखेटक ने तुणीर में रखा प्राणहारी बाण
बाण लगा कृष्ण को एवं ले चला वह कृष्ण के शरीर से उनके प्राण
आभास होने पर अपनी भूल का 'जरा' नामक आखेटक ने मांगी क्षमा
कृष्ण ने कहा, 'तुम निर्दोष हो आखेटक, मैंने ही रची है यह महिमा।' ॥१३६॥

पूर्व जन्म में तुम थे महावीर राजा वाली एवं मैं था रघुकुल नंदन राम,
मारा था मैंने तुम्हे उस युग में, इस युग में चुका रहा हूँ मैं उसका दाम।
ऐसा कहकर त्यागा नश्वर शरीर कृष्ण ने और प्रस्थान किया वैकुण्ठ की ओर
उनके मृत्योपरांत हुआ आरम्भ धरती पर कलयुग, भयावह एवं घनघोर ॥१३७॥

- भाग १८ -

कृष्ण जीवन सार

अपना सम्पूर्ण जीवन यापन किया था कृष्ण ने कुछ इस प्रकार से,
लगते हैं उनके कर्म हम सबको मानो किसी अद्भुत चमत्कार से।
परन्तु कैसे किया कृष्ण ने इन सभी कार्यों का सफल निर्वाहन?
सरल उत्तर तो यही है कि कैसे न करते? थे वे स्वयं नारायण। ॥१३८॥

किन्तु उनकी जीवन-शैली का यदि हम करें गहन चिन्तन-मनन,
ज्ञात होगा हमें कि हम भी कर सकते हैं उनके जैसा जीवन-यापन।
प्रेम तथा मोह के अंतर को समझकर स्पष्ट होना चाहिए हमारा वक्तव्य,
मोहग्रस्त होकर मनुष्य नहीं कर पाता समपूर्ण अपना कोई भी कर्त्तव्य। ॥१३९॥

यदि मोह-ग्रस्त हो जाता कान्हा, तो छोड़ न पाता नन्द-गाँव को अपने,
यदि मोह ग्रस्त हो जाता कान्हा, तो पूरे करता राधा संग उनके सपने।
फिर क्या आज कृष्ण का जीवन किसी के लिए भी उल्लेखनीय होता?
क्या कोई भी मानव कृष्ण से प्रेरित होकर उचित कर्म का भार ढोता? ॥१४०॥

चले लेकर मथुरा-वासियों को पश्चिम दिशा में, छोड़कर युद्ध जरासंध संग,
बसाई द्वारिका नगरी वहाँ ताकि जीवन यापन कर सकें सभी लोग स-उमंग।
वीर केवल वो ही नहीं होते जो हर समय युद्ध एवं रक्तपात हेतु तत्पर हों,
है वीर वही जो रणछोड़ कहलाकर भी वो करे जो लोकहित हेतु श्रेयस्कर हो ॥१४१॥

समझाया पांडवों को कि त्यागो हस्तिनापुर-मोह और चलो खाण्डवप्रस्थ,
केवल कठिन परिश्रम से ही निर्मित हो पाता है मरुभूमि में भव्य इन्द्रप्रस्थ।
मोह एवं भोग-विलास को त्याग कर ही मानव जीवन में आगे बढ़ पाता है,
कठिन परिश्रम और भुजबल से ही वह अपनी कर्मभूमि में नाम कमाता है ॥१४२॥

जब भरी युद्ध-भूमि में था अर्जुन संपूर्णतः व्याकुल और असहाय,
धैर्यपूर्वक समझाया उसे उचित धर्म, किया उसकी दुविधा का उपाय।
यदि रहेंगे मोहासक्त सदा तो मिलेंगे मार्ग में केवल दुःख और कष्ट,
उचित कर्म करना ही धर्म है, यही बचा सकता है हमे होने से पथ-भ्रष्ट। ॥१४३॥

कृष्ण ने जीवन के हर क्षण में कठिनाइयों तथा चुनौतियों का सामना किया,
एवम् उचित कर्म-पालन हेतु साम-दाम-दंड-भेद सभी का सहारा लिया।
कृष्ण-कृत कार्य केवल धर्म के पक्ष में थे, यही उनके जीवन का वास्तविक सार है,
'कर्मण्येवाधिकारस्ते मा फलेषु कदाचन' यही जीवन-यापन का आधार है ॥१४४॥

यो देवकीयशोदासुतोऽस्ति यो रुक्मिणीराधेशोऽस्ति
यस्सम्पूर्णपुरुषोऽस्ति यस्सर्वश्रेष्ठमित्रमस्ति
यो धर्मयुद्धनायकोऽस्ति यः कर्मज्ञानप्रदायकोऽस्ति
तस्य कृष्णस्य श्रीचरणे मनसा नतोऽस्म्यहम् ॥

जो देवकी एवं यशोदा के पुत्र हैं, जो रुक्मिणी एवं राधा के इश्वर हैं, जो संपूर्ण पुरुष हैं, जो सबसे श्रेष्ठ मित्र हैं, जो धर्म-युद्ध के नायक हैं, जो कर्म-ज्ञान के प्रदानकर्ता हैं, उन कृष्ण के श्री चरणों में मेरा मन से नमन।

-इति-

www.ingramcontent.com/pod-product-compliance
Lightning Source LLC
LaVergne TN
LVHW041624070526
838199LV00052B/3235
* 9 7 8 9 3 6 4 5 2 3 4 3 1 *